Persönlichkeits- und Sozialpsychologie. Theorien und Maßnahmen zur Einstellungsänderung für Mitarbeiter in Unternehmen

Marieke Herbote-Fabry

Bibliografische Information der Deutschen Nationalbibliothek:

Die Deutsche Nationalbibliothek verzeichnet diese Publikation in der Deutschen Nationalbibliografie; detaillierte bibliografische Daten sind im Internet über http://dnb.d-nb.de abrufbar.

ISBN: 9783346889720
Dieses Buch ist auch als E-Book erhältlich.

Einsendeaufgabe

Persönlichkeits- und Sozialpsychologie

Theorien und Maßnahmen zur Einstellungsänderung für Mitarbeiter in Unternehmen

abgegeben am 12.09.2021 online im eCampus

SRH Fernhochschule – The Mobile University

Modul: Persönlichkeits- und Sozialpsychologie

Studiengang: Prävention und Gesundheitspsychologie

von

Marieke Herbote-Fabry

Inhaltsverzeichnis

Abbildungsverzeichnis

Abkürzungsverzeichnis

ELM   Elaboration-Likelihood-Modell

HSM   Heuristisch-systematische Modell der Persuasion

SOK-Modell   Selektions-Optimierungs-Kompensations-Modell

1. Teil

Im folgenden Abschnitt werden Theorien zur Entstehung und Veränderung von Einstellungen dargelegt. Dies wird anschließend übertragen auf beispielhafte dysfunktionale Einstellung in Betrieben.

Theoretischer Hintergrund

Der Mensch verfügt durch seine fünf Sinne über eine umfassende Wahrnehmung. Diese führt zu bestimmten Gedanken, Emotionen und Verhaltensweisen. Die „Einstellungen [bestimmen hierbei] in hohem Maße das Verhalten und die Emotionen von Menschen." (Koch & Orth, 2018, S. 81). „Einstellungen beinhalten stets eine Bewertung, die von sehr negativ bis sehr positiv reichen kann. Bewertet wird dabei das jeweilige Einstellungsobjekt. Dieses [...] beinhaltet neben tatsächlichen Objekten z.B. auch Verhaltensweisen, Situationen, abstrakte Größen oder [...] andere Personen". (Fischer, Jander & Krueger, 2018, S. 96). „Aus der Gesamtmenge von Informationen, die ständig auf den Organismus einströmen, wird [...] nur eine relevante Teilmenge ausgewählt und bewusst [gemacht]." (Koch & Orth, S. 82). Dies ist das Prinzip der selektiven Wahrnehmung. Dabei können durch die selektive Auswahl „bestimmte[r] Informationen [...] auch Lösungsmöglichkeiten und Handlungsspielräume begrenzt [werden]." (Koch & Orth, 2018, S. 81).

Einstellungen bestehen aus den drei folgenden, miteinander vernetzten Komponenten:

- Affektive Komponente: als emotionale Reaktion auf etwas Wahrgenommenes
- Kognitive Komponente: als bewusste und reflektierte Bewertung von etwas Wahrgenommenem
- Verhaltenskomponente als sichtbares Verhalten auf das Wahrgenommene

(vgl. Koch & Orth, 2018, S. 82 und Fischer et al., 2018, S. 96).

Des Weiteren lassen sich vier verschiedene Arten von Einstellungen festhalten:

- die impliziten und automatischen Einstellungen, derer man sich nicht bewusst ist
- die expliziten und deliberativen Einstellungen, derer man sich bewusst ist
- die im Gedächtnis gespeicherten Einstellungen, die beim Auftreten bestimmter Reize zur Verfügung stehen
- und die situativ konstruierten Einstellungen, die beeinflusst sind durch kontextabhängige Informationen

(vgl. Koch & Orth, 2018, S. 83).

Neben den Komponenten und Arten von Einstellungen gibt es noch zwei relevante Funktionen. Die kognitive Funktion, bei der Einstellungen die Verarbeitung von

Alltagsinformationen erleichtern (vgl. Koch & Orth, 2018, S. 83) und die motivationale Funktion, die zur Zielerreichung und Verhaltenssteuerung dient (vgl. Koch & Orth, 2018, S. 84).

Die Entstehung von Einstellungen kann auf verschiedenen Ebenen betrachtet werden. So gibt es genetische Aspekte, die den kleinsten Anteil an der Entstehung von Einstellungen ausmachen (vgl. Koch & Orth, 2018, S. 84). Darüber hinaus gibt es kognitive Faktoren, bei denen das bewusste Nachdenken über Sachverhalte auf Basis von Fakten Einstellungen prägt (vgl. Koch & Orth, 2018, S. 84). Affektiv beeinflussen Emotionen und Werte Einstellungen (vgl. Koch & Orth, 2018, S.85). Aufgrund von Selbstbeobachtung des eigenen Verhaltens und dem Ausschluss anderer Gründe gibt es zuletzt noch den Teil der verhaltensbasierten Einstellungen (vgl. Koch & Orth, 2018, S. 86).

Um die Änderung von Einstellungen besser verstehen zu können, werden im Folgenden verschiedene Theorien genauer erläutert. Zunächst wird der sogenannte „Yale-Ansatz", genauer „Yale Communication and Attitude Change Program" von Carl Hovland betrachtet. Dieser beschäftigt sich mit der Einstellungsänderung anhand von persuasiver Kommunikation. Als zentraler Aspekt wird dort das Zusammenspiel von Sender, Nachricht und Empfänger benannt. So gilt: „die Effektivität persuasiver Kommunikation ist abhängig von dem, was wer zu wem sagt." (Koch & Orth, 2018, S. 88). Da der Ansatz bezüglich der Gewichtung der einzelnen Aspekte nicht genauer wird, werden die zwei weiteren Modelle „Elaboration-Likelihood-Modell (kurz ELM) von Petty und Cacioppo (1986) und das heuristisch-systematische Modell der Persuasion (kurz HSM) von Chaiken, Liberman und Eagly (1989) näher betrachtet. Diese Modelle werden als „Zwei-Wege-Modelle" bezeichnet. Das bedeutet, dass beide Modelle „einen zentralen und einen peripheren Weg der Informationsverarbeitung [beinhalten]." (Koch & Orth, 2018, S. 89). Beim zentralen Weg „beschäftigen sich [Personen] aktiv mit den Aussagen der Kommunikation [und] schlüssige Fakten [sind] hilfreich zur Einstellungsbildung/-änderung." (Koch & Orth, 2018, S. 89). Bei der peripheren Verarbeitung der Informationen spielen aufgrund von fehlender Aufmerksamkeit oder Motivation vor allem „äußere Kennzeichen [...] wie die Länge einer Rede [oder] wer die Rede hält" (Koch & Orth, 2018, S. 89) eine übergeordnete Rolle. Relevant für das Einschlagen des einen oder anderen Weges sind somit einerseits die Motivation und andererseits die „Fähigkeit zur Auseinandersetzung mit den dargebotenen Informationen" (Koch & Orth, 2018, S. 89).

Beim HSM-Modell werden diese beiden Routen noch ergänzt um weitere Annahmen wie dem „Verteidigungsmotiv" zum Schutz eigener Einstellungen, dem „Wahrheitsmotiv" für eine ausgewogene Informationsverarbeitung und dem „Motiv des sozialen Eigendrucks, also [dem] Streben nach sozialer Akzeptanz [und] Anerkennung" (Fischer et al., 2018, S. 111). Grundsätzlich gilt es festzuhalten, dass bei Einstellungsänderungen die Nachhaltigkeit der Änderung als Ziel zu sehen ist. Dafür ist der „zentrale Weg[, bei dem sich] die Menschen [...] ausführlich und detailliert mit Inhalten und Argumenten [auseinandersetzen]" (Koch & Orth, 2018, S. 91), der passendste Weg. Auch mithilfe von Emotionen können in Berücksichtigung der eigenen und kulturellen Einstellungen Änderungen dieser vorgenommen werden (vgl. Koch & Orth. 2018, S. 91 ff.).

Dysfunktionale Einstellungen im beruflichen Kontext

„Berufsbezogene dysfunktionale Kognitionen sind [...] mentale Prozesse, welche die Leistung und Motivation von Mitarbeitern und Führungskräften negativ beeinflussen und zu Verhaltensweisen führen, die berufsbezogenen-individuellen und organisationalen Zielen entgegenstehen" (Sauerland, 2015, S. 11). Konkrete Beispiele dafür können Einstellungen sein wie „Dafür bin ich nicht zuständig" oder „Dies ist nicht meine Aufgabe". So können solche Einstellungen das Individuum in seiner Motivation zur Ausführung beruflicher Tätigkeiten deutlich hemmen und mögliche berufliche Weiterentwicklungsmöglichkeiten indirekt verhindern. Individuelle Einstellungen können auch negative Auswirkungen auf eine Arbeitsgruppe haben und die Arbeitsmoral oder die Stimmung im Team beeinträchtigen. Durch diese dysfunktionalen Einstellungen und negativen Auswirkungen kann letztlich auch die Produktivität des gesamten Unternehmens beeinträchtigt werden.

M. Sauerland entwickelte ein „kognitiv-behavioral ausgerichtetes Interventionskonzept [...], das speziell auf die Belange von Mitarbeitern und Führungskräften in Organisationen abgestimmt ist" (2015, S. 70). Die Reduktion der dysfunktionalen Kognitionen kann laut Sauerland in fünf Schritten erfolgen:

1.) Die Relativität von Überzeugungen erkennen – Loslösung von der Idee wahrer Gedanken

2.) Motive und Ziele identifizieren – definieren, was man will

3.) Ideale zielführende Gedanken ermitteln – hypothetisch analysieren, welche Gedanken und Verhaltensmuster günstig wären

4.) Eigene Gedankenmuster entlarven – ermitteln, ob und inwieweit die eigenen Gedankenmuster dysfunktional sind

5.) Ideale Gedanken mit der Funktion eigener Gedankenmuster kombinieren – funktionale Gedanken- und Verhaltensmuster entwickeln und einüben (vgl. Sauerland, 2015, S. 70).

In einem ersten Schritt wird folglich die Annahme etabliert, dass Gedanken und Einstellungen flexibel gestaltbar sind. Anhand von „Frappierung" wird verdeutlicht, dass in der alltäglichen Welt kein Fall dem anderen gleicht und somit auch unsere Annahmen und Gedanken nicht eins zu eins auf jede Situation zutreffen (vgl. Sauerland, 2015, S. 71 ff.). So kann die Annahme „Dafür bin ich nicht zuständig" zwar tatsächlich auf manch eine berufliche Situation zutreffen –aber eben längst nicht auf alle. „Entscheidend für den ersten Schritt zur Reduktion dysfunktionaler Gedanken ist, dass Personen durch solche Darstellungen und Gedankenspiele erkennen, dass eigene fundamentale Überzeugungen relativ sind." (Sauerland, 2015, S. 73). Gedanken werden nunmehr als mögliche Hypothesen formuliert: „Die Überzeugung, dass ich dafür nicht zuständig bin, ist eine Hypothese."

Auf Basis dieser Hypothese werden als nächstes anhand von weiterführenden Fragen wie „Was würden Sie Ihren Freunden in zehn Jahren gerne über Ihre Karriere erzählen wollen?" oder „Welche Eigenschaft würden Sie gerne an sich ändern?" nach möglichen Zielen und Motiven des Einzelnen geforscht. Daran anschließend sollen konkrete, messbare neue Ziele entwickelt werden, wie z.B. „Ich will bis Jahresende befördert werden." (Sauerland, 2015, S. 76).

Im nächsten Schritt „werden nun Gedanken und Verhaltensweisen ermittelt, die ideal geeignet wären, um das in Schritt zwei identifizierte Ziel [...] zu erreichen." (Sauerland, 2015, S. 77). Man kann „sich fragen, wie jemand, der dieses Ziel unbedingt erreichen will, denken und handeln muss, damit ihn nichts beim Versuch der Zielerreichung hemmt. Personen können sich auch daran orientieren, wie erfolgreiche Vorbilder in solchen Situationen gedacht haben oder denken würden". (Sauerland, 2015, S. 77). „Um befördert zu werden, zeige ich mich bei der Arbeit engagiert und offen für verschiede Tätigkeiten. Ich gehe meinen beruflichen Tätigkeiten mit Elan und Gewissenhaftigkeit nach".

Nun werden im vorletzten Schritt die dysfunktionalen Gedankenmuster vom Anfang mit den neu erarbeiteten idealen Gedankenmustern konfrontiert. „Es ist [nun] zu prüfen, ob, inwieweit und auch warum, die eigenen Gedankenmuster von denjenigen abweichen, die eigentlich zielführend wären, obwohl man das Ziel ja nun zu erreichen trachtet." (Sauerland, 2015, S. 78). Man kann z. B. zu der in Schritt eins aufgestellten Hypothese Alternativhypothesen entwickeln oder das Überprüfen von eigenen Erwartungshaltungen über einen konkreten Zeitraum vornehmen, um die dysfunktionalen Einstellungen zu entlarven (vgl. Sauerland, 2015, S. 78 ff.). Gegebenenfalls lassen sich Funktionen der jeweiligen dysfunktionalen Kognitionen herausstellen, wie z.b. „Ich glaube nicht, dass ich für das Auswerten von Excel- Tabellen geeignet bin, da ich für diese Tätigkeit in der Vergangenheit bereits negative Rückmeldungen bekommen habe – ich lasse diese Tätigkeit lieber ganz...STOPP, ich kann mir überlegen, wie ich mich in dieser Tätigkeit vielleicht doch gut beweisen kann."

„Im letzten Schritt werden die idealen zielführenden Gedanken, die in Schritt drei identifiziert wurden, mit der in Schritt vier ermittelten Funktion [...] kombiniert." Ausgangspunkt sind die idealen zielführenden Gedanken. Diese werden jedoch derart modifiziert [...], dass sie realistisch und ausgewogen bleiben". (Sauerland, 2015, S. 104). „Ich möchte mich gerne bei der Arbeit beweisen und eine baldige Beförderung erlangen. Dafür ist das Auswerten von Excel-Tabellen aber unabdingbar. Was kann ich tun, damit ich mich trotz meiner schlechten Erfahrungen in diesem Bereich doch behaupten kann? Ich kann zunächst bei Kollegen um Rat fragen oder aber einen Auffrischungskurs belegen."

Anhand dieses Fünf-Schritte-Modells wird deutlich, wie an den Einstellungen des Individuums angesetzt und diese flexibilisiert werden können. Es erscheint ratsam, dass diese Schritte anhand einer von dem Betrieb von extern einbestellten Supervisoren oder in einem individuellen Coaching durchlaufen werden. Somit ist der betreffende Mitarbeiter nicht gehemmt und es können bestmögliche Ergebnisse erzielt werden.

Auf der Ebene der Organisation können genau solche Mittel wie Supervisoren oder individuelle Mitarbeitercoachings im Unternehmen ermöglicht werden, indem die finanziellen Mittel, aber auch der zeitliche Rahmen während der Arbeit zur Verfügung gestellt werden. Ebenso können auf organisationaler Ebene durch strukturelles Empowerment Hierarchien flexibilisiert werden und „der Zugang von Mitarbeitern zu mehr Informationen, Ressourcen und Entwicklungsmöglichkeiten vergrößert werden. Darüber hinaus sollen die Mitarbeiter durch veränderte Strukturen mehr Handlungs- und Entscheidungsspielräume erhalten." (Van Dick & Felfe, 2016, S. 16).

In den modernen Theorien zur Psychologie der Masse wird „postuliert, dass der Einfluss von Gruppen auf das individuelle Erleben und Verhalten normativen und informationalen Charakter haben kann" (Fischer et al., 2018, S. 152). Dabei meint das Normative, „[den] Wunsch nach sozialer Anerkennung durch die Gruppe" und das Informationale „die Motivation, zu korrekten Einstellungen und Wahrnehmungen zu gelangen." (Fischer et al., 2018, S. 152). So ist davon auszugehen, dass die positive Veränderung von Arbeitsbedingungen und das Schaffen von Entwicklungspotenzialen auf der organisationalen Ebene auch positive Einflüsse auf das Erleben von Einzelnen und somit auch auf die Einstellungen der Arbeitsgruppe haben kann. Zur Gruppenebene lässt sich ebenfalls festhalten, dass „die Identifikation mit dem Team [...] z.B. eher

7

zusammen[hängt] mit der Wahrnehmung eines guten Teamklimas und mit der Bereitschaft, sich für Kollegen einzusetzen" (Van Dick & Felfe, 2016, S. 43). Ebenso „[fördert] die Identifikation [mit dem Team] kreative Leistungen [...] oder dass sich stärker identifizierte Mitarbeiter gegenseitig auch mehr unterstützen und dadurch weniger unter Belastungen leiden" (Van Dick & Felfe, 2016, S. 43). Somit sollten „das Implementieren von Teamnormen, [...] [das] Festlegen von Teamzielen [...] und das Steigern des Teamzusammenhalts durch Teamevents" (Groß & Stock- Homburg, 2019, S. 644) oder Gruppencoachings fester Bestandteil des Arbeitsalltags sein. Ebenso denkbar sind regelmäßige Teamsitzungen mit möglicher Intervision oder kollegialer Beratung, um durch den Austausch von fachlichen Erfahrungswerten voneinander zu profitieren.

2. Teil

Im nächsten Teil dieser Arbeit werden anhand der näheren Betrachtung von der Definition und Entstehung von Vorurteilen verschiedene Beispiele in Bezug auf die Führung von älteren Mitarbeitern durch junge Führungskräfte betrachtet.

Theoretischer Hintergrund

„Vorurteil bedeutet vorzeitige Beurteilung. Es ist eine ungerechtfertigte und normalerweise negative Einstellung gegenüber einer Gruppe- oft gegenüber einer kulturell, ethnisch oder in Bezug auf das Geschlecht andersartigen Gruppe. Wie alle Einstellungen, so sind auch Vorurteile eine Mischung aus Überzeugungen (Stereotype genannt), Emotionen [...] und der Bereitschaft, sich in einer bestimmten Weise zu verhalten (diskriminierend)." (Myers, 2013, S. 618). Wie diese Definition schon vermuten lässt, bestehen Vorurteile aus verschiedenen Komponenten. Der kognitive Aspekt umfasst „das Stereotyp, d.h. die Überzeugung und das Wissen, das die Merkmale enthält, die eine Gruppe und deren Mitglieder auszeichnet." (Koch & Orth, 2018, S. 73). Die affektive Komponente beinhaltet „ein negatives Gefühl gegenüber den Angehörigen einer Gruppe aufgrund ihrer Gruppenzugehörigkeit, wie beispielsweise Wut" (Koch & Orth, 2018, S. 73). In der Verhaltenskomponente findet „der Ausdruck von Vorurteilen in ungerechtfertigtem, schädlichen Verhalten gegenüber einer Person aufgrund ihrer Gruppenzugehörigkeit [statt]." (Koch & Orth, 2018, S. 73). „Vorurteile [basieren] insbesondere auf schnell identifizierbaren, äußeren und auffälligen Merkmalen." (Koch & Orth, 2018, S. 73). Es tragen zudem verschieden Ursachen zur Entstehung von Vorurteilen bei. Zunächst einmal können soziale Ungleichheit (vgl. Myers, 2013, S. 620 ff.) oder Eigengruppenverzerrungen, bei der durch direkte oder indirekte Gruppenzuteilung die eigene Gruppe tendenziell bevorzugt wird (vgl. Myers, 2013, S. 622-623), als Ursachen von Vorurteilen gelten. Ebenso relevant sind emotionale Gründe, bei denen „Vorurteile [als] Ventil für Aggressionen [dienen], indem sie jemanden als Schuldigen darstellen" (Myers, 2013, S. 623). Auch kognitive Ursachen sind bei der Entstehung von Vorurteilen von Bedeutung. So „kategorisieren [wir] Menschen nach ihrer ethnischen Herkunft, wobei wir uns meist auf ihre Zugehörigkeit zur Minderheit beziehen." (Myers, 2013, S. 624). Es ist festzuhalten, dass „eine grundlegende Unterteilung von Ursachen [...] in intra-individuelle Gründe oder aufgrund von Eigenschaften in den Beziehungen zwischen Gruppen vorgenommen werden [kann]." (Koch & Orth, 2018, S. 74). Diesen Aspekten zugrunde liegt auch der Prozess des Primings, bei dem durch die oft „unbewusste Aktivierung bestimmter Assoziationen, [...] die Wahrnehmung, das Gedächtnis oder die Reaktion in bestimmter Weise empfänglich gemacht wird." (Myers, 2013, S. 237). Der Wirkung von Vorurteilen liegen zwei Verarbeitungsprozesse zugrunde. Der automatische Prozess umfasst dabei die

„automatische Verarbeitung, [die] ohne [aktive Wahrnehmung geschieht], ausgelöst durch die Anwesenheit eines Stimulus." (Koch & Orth, 2018, S. 77). Beim kontrollierten Prozess „wird [dahingegen] bewusst wahrgenommen [und entschieden]." (Koch & Orth, S. 77).

Vorurteile im Berufskontext

„Arbeitnehmer werden sowohl immer jünger, u.a. durch verkürzte Schul- und Studienzeiten, neue Studienmodelle, den Wegfall der Wehrpflicht, als auch immer älter, z.B. durch den späteren Renteneintritt oder neue Modelle der Mitarbeit als Rentner auf Projektbasis." (Ryschka & Stegh, 2020, S. 5). Dabei führen „im Zuge des demografischen Wandels [...] immer häufiger jüngere Vorgesetzte ältere Mitarbeitende. [Dies] kann [...] zu Konflikten führen- u.a. aufgrund von grundsätzlichen Generations- und Erfahrungsunterschieden, wechselseitigen Altersvorurteilen und möglicherweise entstehenden Rollenkonflikten" (Ryschka & Stegh, 2020, S. 99). Das Senioritätsprinzip, bei dem „die ältere Person [...] als übergeordnet empfunden [wird]" (Neugebauer, 2018) steht jungen Führungskräften häufig entgegen. Beim „Senioritätsprinzip der Vergütung [wird eine] Staffelung der Höhe von Löhnen [...] nach Lebensalter oder Beschäftigungsdauer [vorgenommen]. [...] Die tatsächlichen Leistungsergebnisse bleiben dabei unberücksichtigt. Eine reine Orientierung am Senioritätsprinzip stellt allerdings keine zeitgemäße Form der Vergütung mehr dar." (Groß & Stock- Homburg, 2019, S. 771). Eine „Vergütung nach dem Senioritätsprinzip ist weder leistungs- noch motivationsfördernd [...], führt zu kontinuierlichem Anstieg von Personalkosten in Unternehmen unabhängig von deren Produktivität [...] und behindert die Mobilität und die Veränderungsbereitschaft älterer Führungskräfte und Mitarbeiter." (Groß & Stock-Homburg, 2019, S. 771).

Besteht nun eine berufliche Konstellation aus „Jung führt Alt", so können sieben Spannungsfelder bestehen:

1) Flexibilität vs. Gewohnheit
2) Hohes Erfahrungswissen vs. Erfahrungsdefizit
3) Mutter- / Vaterinstinkte vs. Eigenständigkeit
4) Zielführende vs. scheiternde Kommunikation
5) Angst, Unsicherheit, Vorurteile vs. Wagemut, Entschlossenheit
6) Respekt und Akzeptanz vs. Ablehnung und Geringschätzigkeit
7) Konkurrenz vs. Teamverständnis

(vgl. Neugebauer, 2018).

So verfügen ältere Mitarbeitende häufig über einen großen Erfahrungsschatz, gelten aber auch als verschlossener gegenüber Neuerungen (s. Ryschka & Stegh, 2020, S. 33). So kann ein älterer Mitarbeitender der Auffassung sein, dass dem „Jungspund frisch von der Uni" es noch reichlich an Erfahrungen fehle und der Mitarbeitende sich von diesem gar nichts sagen lässt. Dies kann zu einem angespannten Verhältnis zwischen Führungskraft und Mitarbeitendem führen, im schlimmsten Fall sogar zu versteckten oder offenen Konflikten. In jedem Fall wird die Arbeitsleistung des Mitarbeitenden, sei es aufgrund fehlender Motivation oder wegen der Konfliktsituationen, eingeschränkt sein und die Produktivität des Unternehmens schmälern. Des Weiteren kann das angespannte Verhältnis sich auf die Arbeitsgruppe auswirken und Vorbehalte der Mitarbeitenden gegenüber der Führungskraft schüren und zu einer Leistungsminderung der gesamten Arbeitsgruppe führen.

In einem weiteren Beispiel gilt das Vorurteil, dass ältere Mitarbeitende sich vor allem im Umgang mit neuen Techniken schwer tun (s. Ryschka & Stegh, 2020, S. 33), was jüngere Vorgesetzte dazu veranlassen könnte, diese Mitarbeitenden von solchen Tätigkeiten direkt auszuschließen oder gar keine (Nach-) Schulungen für diese Mitarbeitenden anzubieten. Ein an dieser Stelle ebenfalls wichtiger Prozess ist die selbsterfüllende Prophezeiung. Diese „besagt, dass wir gewissermaßen mit unserer Erwartung dafür sorgen, dass die Erwartung sich erfüllt" (Koch & Orth, 2018, S. 76). Als erster Schritt in diesem Prozess führt eine „körperliche Stressreaktion zu Beeinträchtigungen des Arbeitsgedächtnisses, was zu einer Leistungsverschlechterung führt. [Anschließend führt] eine verstärkte Selbstbeobachtung der eigenen Leistung [zu einer reduzierten] Informationsverarbeitung und [...] ebenso zu Leistungseinbußen. Letztendlich löst die Stereotypisierungssituation negative Gedanken und Emotionen aus, deren Unterdrückung wiederum kognitive Ressourcen benötigen, die dann nicht mehr zur Aufgabenerfüllung vorhanden sind." (Koch & Orth, 2018, S. 77). Dies führt einerseits dazu, dass das Individuum sich langfristig solche Leistungen nicht mehr zutraut und in seinem Selbstbewusstsein, aber auch der eigenen Leistungsfähigkeit eine Minderung erfährt. Andererseits sorgt so ein Prozess dafür, dass Vorurteile sich bestätigen und bestehen bleiben und die (junge) Führungskraft in ihren Vorurteilen bestätigt wird und gegenüber weiteren älteren Mitarbeitenden diese Annahme tätigt.

Ebenso kann bei älteren Mitarbeitenden der Konkurrenzgedanke im Vordergrund stehen, während bei jüngeren Mitarbeitenden/Führungskräften häufig das Teamverständnis Priorität hat (vgl. Ryschka & Stegh, 2020, S. 33). So kann der ältere Mitarbeitende Gedanken haben wie „die junge Generation mit ihren ständigen Teams - wir haben das bisher auch jeder für sich immer gut geschafft. Außerdem will ich meine

Gedanken und Ideen gar nicht teilen, sondern lieber direkt anfangen und das beste Ergebnis präsentieren. Schließlich möchte ich die nächste Gehaltserhöhung bekommen." Dies kann dazu führen, dass dem Arbeitsprozess wichtiges Wissen und ein großer Erfahrungsschatz entgehen und Ergebnisse langsamer oder gar nicht erzielt werden können. Auch kann es zu Unmut zwischen den Mitarbeitenden führen, wenn manche sich nicht am Prozess und wohlmöglich auch den Teamsitzungen beteiligen und ein gespaltenes Team ist wiederum weniger leistungsfähig.

Doch wie kann man dafür sorgen, dass solche Einbußen aus diesen Gründen nicht aufkommen? „Ein gutes Bild für die Führungsverantwortung gegenüber älteren Mitarbeitenden ist [...] das einer Entwicklungspartnerschaft: Die Führungskraft gibt Unterstützung, aber auch Anforderungen und Ziele – der ältere Mitarbeitende bringt sein Erfahrungswissen ein. So können beide profitieren." (Neugebauer, 2018). Auch „ein Führungsverhalten, das vor allen den wertschätzenden Umgang mit älteren Mitarbeitern, offene Kommunikation und den Einbezug der Mitarbeiter in Entscheidungsprozesse großschreibt" (Ryschka & Stegh, 2020, S. 99) kann solche eine Arbeitskonstellation meistern. Als konkrete Methode, um mit möglichen realen Einschränkungen durch das Altern konstruktiv umzugehen, gilt das „SOK-Modell". „S" steht dabei für „Selektion, „O" für „Optimierung" und „K" für „Kompensation". Es sollen hierbei durch den Einsatz „adaptiver Strategien [...] mögliche Einschränkungen im Alter [bewältigt werden] und dadurch Handlungskompetenz und Lebensqualität [...] erhalten [werden]" (Ryschka & Stegh, 2020, S. 58). Dabei wird unter dem ersten Aspekt die Frage nach den einzelnen Zielen der Arbeit berücksichtigt. Die „Energie [sollte] auf wenige Ziele [gelenkt werden], sodass diese effektiv verfolgt werden können." (Ryschka & Stegh, 2020, S. 60). Ebenfalls kann eine Anpassung von Zielen in ein realistisches Maß erfolgen, z.B. räumliche Einschränkungen eines Einzugsbereichs nach km bei zunehmendem Alter und eingeschränkter Konzentrationsfähigkeit. Unter dem Punkt „Optimierung" ist zu verstehen, dass bestehende Ziele hinsichtlich ihrer Verbesserungsmöglichkeiten geprüft werden: „Welche (weiteren) Fähigkeiten müssen auf- oder ausgebaut werden? Wie können Aufmerksamkeit und Anstrengungsbereitschaft gefördert werden?" (Ryschka & Stegh, 2020, S. 60). Bei der „Kompensation" gilt es letztlich, mit vorhandenen Einschränkungen umzugehen und diese mit „bislang ungenutzte[n] bzw. neu erworbene[n] Ressourcen [zu] kompensieren (z.B. Merkzettel, [...] Nutzung von Hörgeräten oder Lesehilfen, maschinelle Unterstützung für schwere körperliche Arbeit)" (Ryschka & Stegh, 2020, S. 60). In der folgenden Abbildung werden diese drei Prozessschritte anhand eines konkreten Beispiels verdeutlicht:

Bewältigungsstrategien für das Altern: das SOK-Modell

Beispiel: Herr Meyer (62 Jahre) ist seit vielen Jahren Inhaber eines erfolgreichen mobilen Gastronomiebetriebs in Frankfurt. Er merkt mit zunehmendem Alter, dass er mit Einschränkungen im Beruf zu kämpfen hat und überlegt sich daher nach und nach verschiedene Bewältigungsstrategien.

Selektion

- Veranstaltungen, die vorher in ganz Süd-West-Deutschland angefahren wurden, wählt er nun nach Gewinn aus und beschränkt sich auf das Rhein-Main-Gebiet.
- Zuvor hat er viele verschiedene Speisen angeboten und spezialisiert sich nun auf italienische Küche und vegetarische/vegane Speisen.

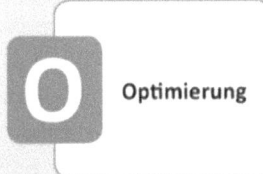

Optimierung

- Herr Meyer investiert Zeit und Geld in Weiterbildung, um sich noch mehr im Bereich italienische Küche und dem für ihn neueren Bereich vegetarische/vegane Speisen zu professionalisieren.
- Zudem dekoriert er die Speisen nun noch ansprechender.

Kompensation

- Die Koordination und Einteilung der Mitarbeiter wird nicht mehr händisch, sondern mit Hilfe einer Computer-Software geregelt.
- Für die Speisenherstellung stellt er einen zusätzlichen Mitarbeiter für den Wochenendbetrieb ein, um dort mehr Raum für eigene Erholung zu haben.
- Zudem schafft er weitere hilfreiche Küchengeräte an, welche die z. T. körperlich anspruchsvolle Zubereitung erleichtern.

Abbildung 1: Bewältigungsstrategien für das Altern: das SOK- Modell (Ryschka & Stegh, 2020, S. 59)

Abschließend gilt es als Hinweise festzuhalten, dass „ältere Beschäftigte im Durchschnitt empfindlicher auf Kritik [reagieren] als Jüngere. Hier kann es hilfreich sein, vorsichtig zu formulieren, das positive Feedback nicht zu vergessen und allgemein die Beziehungsbasis und das Vertrauen zu stärken. [Auch lernen] ältere Menschen anders als jüngere. Weil sie mehr Vorerfahrungen und Umfeldwissen haben, dass sie „umsortieren" müssen, brauchen sie mehr Gestaltungsfreiraum beim Lernweg." (Neugebauer, 2018). Allgemein ist anzumerken, dass Führungskräfte stets die „Ziele, Interessen und Bedürfnisse [der Mitarbeitenden zu unterschiedlichen Lebensphasen im Blick haben sollten]" (Ryschka & Stegh, 2020, S. 62).

13

3. Teil

Im letzten Abschnitt dieser Arbeit werden die Begriffe Intelligenz und Kreativität genauer betrachtet und Kreativität bezüglich beeinflussender Faktoren angeschaut. Zuletzt wird ein Übertrag auf den beruflichen Alltag getätigt.

Theoretischer Hintergrund

Was ist Intelligenz? Im alltäglichen Sprachgebrauch wird dieser Begriff klar verwendet und dient umgänglich zur Einstufung einer Person hinsichtlich verschiedener Wissensgrade und der Qualität vom Verständnis einzelner Sachverhalte. In der wissenschaftlichen Betrachtung hingegen stellt sich zunächst die viel grundlegendere Frage, ob Intelligenz als „eine [...] oder mehrere Fähigkeiten angesehen werden sollte" (Myers, 2013, S. 400). „Obwohl der Begriff Intelligenz sowohl in der Öffentlichkeit als auch in der Forschungsliteratur häufig wie selbstverständlich gebraucht wird, gibt es keine einheitliche und von allen Seiten anerkannte Definition." (Lohaus & Vierhaus, 2015, S. 131-132). Nichtsdestotrotz wird im Folgenden eine grundlegende, umfassende Beschreibung als Beispiel angebracht, die das konkrete Definitionsproblem umgeht: „Intelligenz [ist] die Fähigkeit, aus Erfahrung zu lernen, Probleme zu lösen und das Wissen zur Anpassung an neue Situationen einzusetzen. Ein Intelligenztest stellt die geistigen Fähigkeiten von Menschen fest und vergleicht sie unter Verwendung numerischer Werte mit denen anderer Menschen." (Myers, 2013, S. 400). Innerhalb unterschiedlicher Intelligenzmodelle existieren verschiedene Annahmen zu den Aspekten von Intelligenz. So postulierte Spearman 1927 eine „allgemeine Intelligenz, die auch als g-Faktor [...] bezeichnet wird. Diese[r] wirkt sich auf die gesamte Denk- und Lernfähigkeit eines Menschen aus. [Daneben] gibt es zusätzliche Begabungsfaktoren [...], die die Leistungen in einzelnen Aufgabenbereichen neben dem g-Faktor bestimmen." (Lohaus & Vierhaus, 2015, S. 132). Es gibt noch weitere Theorien, wie das der kristallinen und fluiden Intelligenz von Cattell (1987), der Primärfaktoren von Thurstone (1983) oder der Three-Statum-Theorie von Carroll (1993) (vgl. Lohaus & Vierhaus, 2015, S. 133- 134). Alle diese „Intelligenzmodelle beschränken sich allerdings auf einen eher eng umfassten Fähigkeitsbereich, der hauptsächlich in der Schule relevante kognitive Prozesse und Leistungen, insbesondere im sprachlichen und logisch-mathematischen Bereich umfasst." (Lohaus & Vierhaus, 2015, S. 134-135). An dieser Stelle greift das sogenannte Modell der multiplen Intelligenzen von Gardner (1983). Dieses geht „von mehreren unabhängigen Intelligenzarten [aus] (z.B. linguistische und musikalische Intelligenz) und [ist] breiter angelegt [...] als klassische Intelligenzmodelle." (Lohaus & Vierhaus, 2015, S. 135). Manchmal reicht die Intelligenz aber nicht aus, um Probleme lösen zu können. So ist „Intelligenz [eindeutig] von Bedeutung. Zur Kreativität gehört [jedoch] [...] mehr, als die Intelligenztests preisgeben."

[...] Intelligenztests, bei denen es nur eine richtige Antwort gibt, erfordern konvergentes Denken. [...] Kreativitätstests [...] erfordern divergentes Denken." (Myers, 2013, S. 406).

„Von Guilford und anderen Psychologen wurden im Rahmen dieses Ansatzes viele Kreativitätstests geschaffen, die vor allem vier Komponenten der Fähigkeit zum divergenten Denken erfassen sollen:

- Sensitivität gegenüber Problemen (Erklärung eines Sachverhaltes und Suche nach Alternativerklärungen)
- Flüssigkeit des Denkens (möglichst viele Verwendungsmöglichkeiten eines Gegenstandes in kürzester Zeit aufzählen)
- Originalität des Denkens (zur vorgegebenen Aussage wird nach entfernt liegenden Analogien gefragt)
- Flexibilität des Denkens (Test durch Aufgaben)."

(Becker, 2014, S. 115).

Myers macht ebenso deutlich, dass „aus der Sichtung der unterschiedlichen Messansätze zur Kreativitätsdiagnostik [...] bis dato kein berufsbezogenes, prozessbasiertes und multimodales Kreativitätsverfahren vorliegt. Allerdings erscheint die Kombination unterschiedlicher diagnostischer Ansätze eine genauere Messung kreativen Potenzials möglich zu machen." (2013, S. 363). Dabei sind vor allem Eigenschafts-, Simulations- und Biografieorientierte Messungen relevant (vgl. Palmer, 2016, S. 165- 170). „Auch wenn es kein allgemein akzeptiertes Kreativitätsmaß gibt [...], [das] dem IQ-Wert entspricht-, haben Sternberg und seine Kollegen fünf Komponenten der Kreativität identifiziert [...]:

1.) Expertenwissen – eine gut fundierte Wissensgrundlage – liefert die Ideen [...]. Je mehr mentale Bausteine [...] zur Verfügung stehen, desto mehr Gelegenheiten haben wir, sie auf neuartige Weise miteinander zu kombinieren. [...]
2.) Fähigkeiten zum fantasievollen Denken eröffnen [...] die Möglichkeit, Dinge auf neuartige Weise zu sehen, Muster zu erkennen und Verbindungen herzustellen [...]
3.) Eine wagemutige Persönlichkeit sucht nach neuen Erfahrungen, toleriert Unklarheiten und Risiken und zeigt Durchhaltevermögen bei der Überwindung von Hindernissen [...]
4.) Intrinsische Motivation zeigt sich dadurch, dass eine Person mehr durch Interesse, Befriedigung und Herausforderung statt durch äußeren Druck angetrieben wird [...]
5.) Durch eine kreative Umgebung bekommt man die Anregung zu kreativen Ideen, man wird darin unterstützt und kann sie ausfeilen [...]"

(Myers, 2013, S. 406).

Des Weiteren „[kommt] die Beschreibung kreativer Personen [...] deshalb nicht ohne die Berücksichtigung des kreativen Prozesses aus." (Palmer, 2016, S. 125). Dabei sind den „kognitiven Fähigkeiten und Persönlichkeitsmerkmalen in Abhängigkeit des jeweiligen Aufgabenschritts hin zum kreativen Produkt unterschiedliche Gewichtungen beizumessen" (Palmer, 2016, S. 125). Ein vierstufiges Modell soll im Folgenden den Kreativitätsprozess abbilden:

1) Vorbereitungsphase: Problemdefinition und Einholung relevanter Informationen
2) Inkubation: bewusste oder unbewusste Verarbeitung der Informationen
3) Illumination: Reifung der Idee, „Erleuchtungsmoment", Prüfung der Lösungsidee
4) Verifikation: logische und rationale Prozesse, um gesellschaftlich akzeptierte Lösung zu erarbeiten

(vgl. Palmer, 2016, S. 126). Es bestehen noch weitere Stufenmodelle, die sich vor allem hinsichtlich der Ausdifferenzierung bzgl. der einzelnen Stufen unterscheiden (vgl. Palmer, 2016, S. 125 ff.).

Kreativität am Arbeitsplatz

Kreative Mitarbeitende können für Unternehmen von großem Nutzen sein. So fördert Kreativität Innovationen und diese sind für Unternehmen von Interesse, da „Unternehmen durch Innovationen insbesondere folgende Ziele [anstreben]: Wettbewerbsfähigkeit und Vorteile gegenüber den Mittbewerbern [...] sichern, Umsatz und Gewinn [...] steigern und damit ihre finanzielle Unabhängigkeit [...] sichern, Marktanteile [...] erhöhen sowie Kunden langfristig [...] binden, Image des Unternehmens [...] verbessern, langfristiges Wachstum [...] fördern, Arbeitsplätze [...] sichern und neue [...] schaffen." (Becker, Ebert & Pastoors, 2018, S. 83). Für diese Dynamik förderungswürdige Bereiche sind die „Veränderungsbereitschaft (Wille und Bereitschaft aller Beteiligten, sich auf neue Dinge einzulassen), Veränderungskompetenz (Methodenwissen, z.B. in Form von Problemlösungs- oder Kreativitätstechniken) [und] Veränderungsmöglichkeiten [...] im Rahmen einer geeigneten Innovationskultur oder kreativitätsfördernder Rahmenbedingungen)." (Becker et al., 2018, S. 84). Es gilt somit, Kreativität am Arbeitsplatz durch die Grundstrukturen des Unternehmens zu ermöglichen. Dafür ist zum einen die Offenheit gegenüber Neuerungen durch jeden Mitarbeiter, insbesondere in den Führungspositionen als Einstellung eine wichtige Voraussetzung. Des Weiteren stellt die Fehlerkultur im Unternehmen einen wichtigen Punkt dar. So führt Sitkin (1992) die Theorie des „intelligenten Scheiterns ein. Damit sind umsichtig geplante Maßnahmen gemeint, die die Experimentierfreude von Menschen fördern und gleichzeitig klein genug sind, um bei deren Misslingen größere [Schäden] zu vermeiden. Sitkin plädiert dafür, den erfolgsbasierten Erfahrungsschatz durch Fehler oder kleinere Verluste zu ergänzen." (Rolfe, 2019, S. 71). Des Weiteren gilt es, kreativitätshemmende Aspekte zu minimieren. Dazu zählen in Anlehnung an die oben genannten Bereiche von Sternberg und Kollegen unteranderem z. B. starker Zeitdruck durch eng getaktete Fristen und Terminabgaben oder eine kreativitätshemmende Arbeitsumgebung wie im Großraumbüro mit viel Ablenkungspotenzial durch Umgebungslärm. Im Gegenzug sollten kreativitätsfördernde Aspekte stärker berücksichtig werden und somit kreativitätsfördernde Techniken im Arbeitsalltag eingebracht und gefördert werden. Dazu zählen bspw. kreativ-intuitive Methoden wie Brainstorming, Analogientechniken oder semantische Intuition (vgl. Becker et al., 2018, S. 90 ff.). Auch sollte die Arbeit in kleinen Teams mit gutem Mitarbeiterklima erfolgen, wofür extra Teambuildingmaßnahmen förderlich sein könnten. Die Aktualität des vorhandenen Wissens im jeweiligen Fachbereich der Mitarbeiter sollte durch regelmäßige interne oder externe Fortbildungen gesichert werden, um eine gut fundierte Wissensgrundlage in Anlehnung an Sternberg und Kollegen zu schaffen. Auch kann interdisziplinäres Arbeiten den Horizont erweitern und neue Perspektiven eröffnen.

Literaturverzeichnis

Becker, B. (2014). *Grundlagen der differentiellen und Persönlichkeitspsychologie. Titel-Nr. 1105-01.* Riedlingen: SRH- Fernhochschule

Becker, J. H., Ebert, H., Pastoors, S. (2018). *Praxishandbuch berufliche Schlüsselkompetenzen.* Berlin, Heidelberg: Springer

Fischer, P., Jander K., Krueger, J., (2018). *Sozialpsychologie für Bachelor. (2. Auflage).* Berlin: Springer

Groß, M., Stock-Homburg, M. (2019). *Personalmanagement. Theorien – Konzepte – Instrumente. (4. Auflage).* Wiesbaden: Springer Fachmedien

Koch, A., Orth, H. (2018). *Sozialpsychologie. Titel-Nr. 0774-02 (2. Auflage).* Riedlingen: SRH- Fernhochschule

Lohaus, A., Vierhaus, M. (2015). *Entwicklungspsychologie – des Kindes- und Jugendalters für Bachelor. (3. Auflage).* Berlin, Heidelberg: Springer

Myers, D. G. (2013). *Psychologie. (3. Auflage).* Berlin, Heidelberg: Springer

Neugebauer, S. (2018). Junge Führungskräfte und ältere Mitarbeitende. *Altersdiversität, Führungspsychologie.* Zugriff am 23.08.2021. Verfügbar unter https://www.wirtschaftspsychologie-rhein-ruhr.de/2018/04/23/junge-fuehrungskraft-und-aeltere-mitarbeitende/

Palmer, C. (2016). *Berufsbezogene Kreativitätsdiagnostik. Beschreibung und Messung der personalen Voraussetzungen von Innovationen.* Wiesbaden: Springer Fachmedien

Rolfe, M. (2019). *Positive Psychologie und organisationale Resilienz. Stürmische Zeiten besser meistern.* Berlin, Heidelberg: Springer

Ryschka, J., Stegh, W., (2020). *Führen von Jung und Alt. Handlungsempfehlungen für Mitarbeiterführung.* Berlin: Springer

Sauerland, M. (2015). *Design your Mind – Denkfallen entlarven und überwinden.* Wiesbaden: Springer Fachmedien

Van Dick, R., Felfe, J. (2016). *Handbuch Mitarbeiterführung. Wirtschaftspsychologisches Praxiswissen für Fach- und Führungskräfte.* Berlin, Heidelberg: Springer